명태를 찾습니다!

주강현 글 | 김형근 그림

미래i아이

국민 생선, 명태

얼큰한 동태찌개, 명절 때나 제사 때면 꼭 올라오는 담백한 동태전,

시원하고 개운한 북엇국, 매콤하면서도 감칠맛 나는 동태찜, 코다리찜…….

한 번쯤은 먹어 보았거나 들어 본 음식일 거예요.

모두 '명태'라는 생선으로 만든 음식들이지요. 그런데 이름이 왜 다 다르냐고요?

명태는 상태에 따라 부르는 이름이 다 다르기 때문이에요.

이름이 다양하다는 것은 그만큼 명태가 흔한 생선이자,

여러 곳에 쓰였다는 걸 뜻해요.

가히 '국민 생선', '민족의 생선'이라는 명성에 걸맞는 생선이었지요.

하지만 요즘에는 명태를 볼 수가 없어요. 시장이나 마트에 가면 있다고요?

이것들은 거의 대부분 러시아 산이거나 일본 산이에요.

우리나라 바다에서는 더 이상 명태가 잡히지 않거든요.

불과 몇 십 년 전만 해도 산처럼 쌓이게 잡혔고,

온 국민이 즐겨 먹었는데 말이지요.

그동안 무슨 일이 있었던 걸까요?

명태가 궁금해!

명태는 입이 커서 '대구'라 불리는 대구과에 속하는 물고기예요.
차가운 바다인 오호츠크 해를 비롯한 북해에서 살아요.
그러다 보니 명태는 주로 러시아 시베리아와 오호츠크 해,
베링 해 등에서 많이 잡혀요. 일본 홋카이도 부근 바다에서도 잡히고요.
우리나라에서는 동해안에서 잡혔어요.
그중에서도 강원도와 함경도에서 가장 많이 잡혔지요.

명태는 암수가 서로 나뉘어 떼를 지어 다녀요. 수놈은 주로 바다의 중간 정도에서, 암놈은 깊은 바다 밑으로 다니지요. 그러다가 알 낳을 시기가 되면 아늑한 만 같은 산란장을 찾아와 평평한 모래나 진흙 바닥에 알을 낳아요. 특히 원산 앞바다 신포 일대는 명태들이 알을 낳기에 적합한 장소였어요. 어찌나 많은 명태가 한꺼번에 몰려와 알을 낳는지 바닷물이 다 뿌옇게 변할 정도였다고 해요. 명태 한 마리가 낳는 알의 개수는 무려 25~40만 개라고 하니, 정말 어마어마하지요? 명태는 자정부터 다음 날 새벽까지 알을 낳아요. 이때에는 거의 먹지도 않고, 그물에 걸려 잡혀가도 모를 정도로 알 낳는 데에만 집중한답니다.

하지만 많은 알 중에서 정작 부화되어 성장하는 건 얼마 되지 않아요.
명태가 알을 낳기 시작하면 그곳은 곧바로 전쟁터로 변해 버리기 때문이지요.
그곳에 살고 있던 물고기들이 떼로 몰려들어
알과 어린 물고기들을 마구 잡아먹어 버리거든요.

'명태'라는 이름은 어떻게 지어졌을까요?
아래 기록을 보면 '명태'라는 이름의 기원을 알 수 있어요.

명천에 사는 어부 중에 성이 태 씨인 사람이 있었다.
어느 날, 낚시로 물고기를 한 마리 낚았는데, 그것을 고을 관청으로 가져가
도백(오늘날의 도지사)에게 올리게 하였다.
도백이 그 물고기를 매우 맛있게 먹고는 이름을 물었으나
아무도 알지 못하고, 단지 '태 씨 어부가 잡은 것이다.'라는
대답만 돌아왔다. 이에 도백이 말하기를, "명천에 사는 태 씨가 잡았으니
이 물고기 이름을 '명태'라고 붙이면 좋겠다."고 하였다. 이로부터
이 물고기가 해마다 수천 석씩 잡혀 팔도에 두루 퍼지게 되었다.
(이유원, 『임하필기』 권27)

이렇게 알려진 명태는 생활 속에 깊숙이 들어와 없어서는 안 될 생선이 되었어요.
그러면서 부르는 명칭도 다양해졌지요. 가장 많이 쓰인 명칭은 '명태'였고,
살아 있는 명태라는 뜻에서 '생태'라고도 했어요.
명태가 추위에 꽁꽁 얼어붙으면 '동태'라고 불렀고, 꾸덕꾸덕 말린 명태는
'코다리'라고 했고요. 완전히 말린 것은 '북어'라고 했어요.
'노가리'는 명태 새끼를 부르는 이름이랍니다.

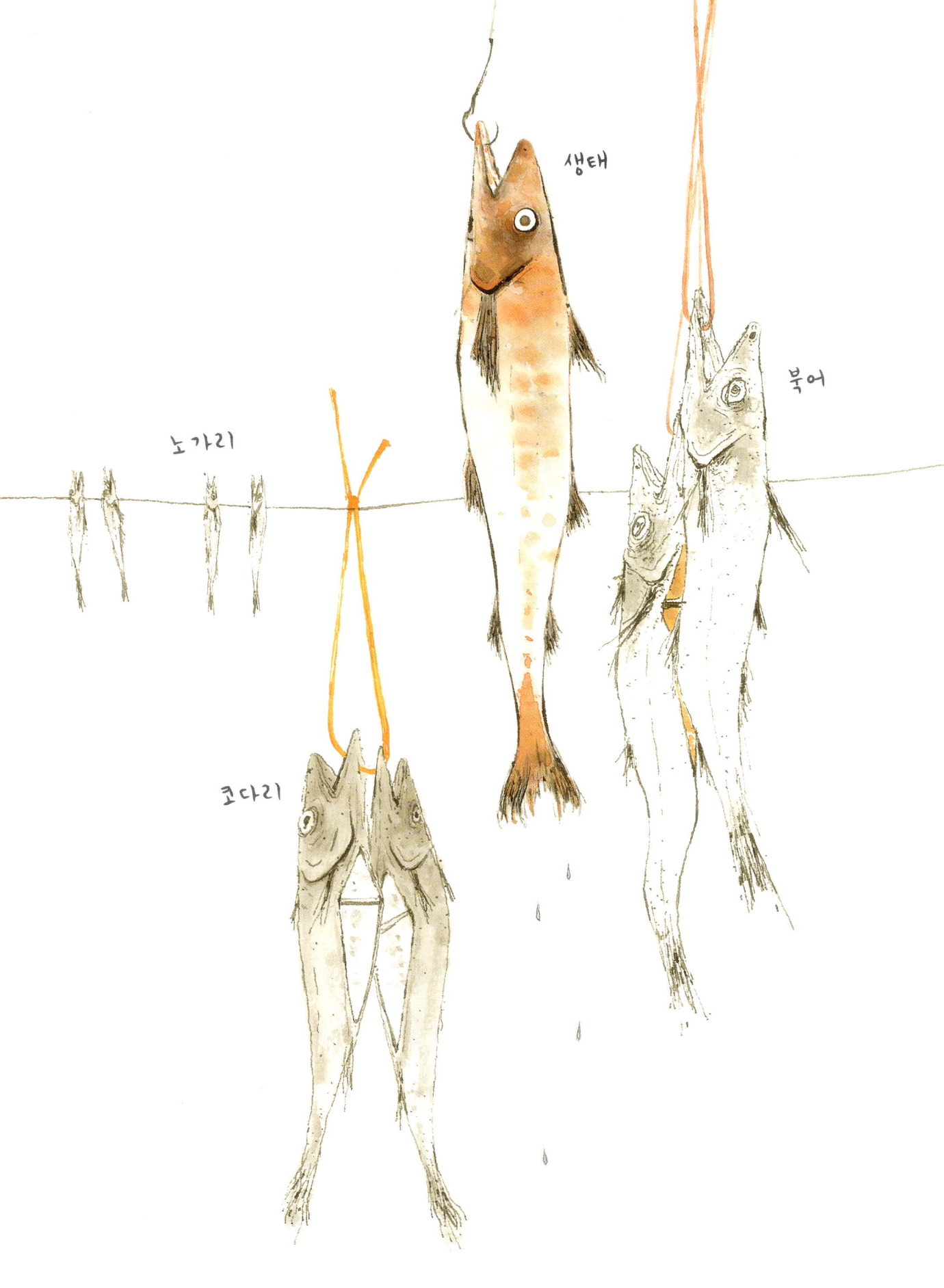

명태를 잡는 여러 가지 기술

우리나라에서 명태잡이가 본격적으로 이루어진 것은 조선 후기부터예요.
이때에는 배 만드는 기술이 발달하여 먼 바다까지 나갈 수 있는 배를
많이 만들었거든요. 그물을 짜는 기술도 발달하기 시작하여
비교적 큰 그물이 보급되었고요. 그러자 낚시로 잡던 것에 비해
엄청나게 많은 명태를 잡을 수 있었어요. 얼마나 많이 잡았는지
명태가 쌓여 있는 모습이 산 같다고 해서 '산태'라고 부를 정도였답니다.

명태 세는 단위

전통적으로 명태를 세는 단위는 1,000마리를 기준으로 하는 '한 동'이다.
그만큼 명태가 많이 잡혔기 때문인데, 배 한 척이 고기를 잡으러 나가면 보통 열 동 내지는
스무 동을 잡았다고 한다. 배 한 척이 1만 마리에서 2만 마리를 잡았다는 얘기다.

요즘은 대체로 그물로 생선을 잡아요. 명태도 마찬가지예요.
하지만 문헌 기록을 보면 명태를 그물로 잡은 건 불과 100여 년 안팎이에요.
그물이 귀하기도 했지만 낚시로도 충분할 만큼 명태가 많이 잡혔기 때문에
굳이 값비싼 그물을 쓸 필요가 없었던 것이지요.

조선 후기에 이르면 '연승'이라 불리는 낚시법이 도입되어요. 연승은 길게 내린 낚싯줄에 지네발처럼 작은 낚싯줄이 주렁주렁 매달려 있는 낚싯줄을 이용한 낚시법이에요. 각각의 낚싯줄에는 추를 매달아 바닷속 깊이 내려갈 수 있도록 했고요. 많은 낚싯줄을 한 번에 내릴 수 있어 한꺼번에 많은 물고기를 잡을 수 있었어요. 첨단 과학 기술이 없었던 시절인데도 정확하게 명태가 움직이는 깊이에 낚시줄을 내렸다고 하니, 한평생 바다와 싸우면서 터득한 어부들의 지혜와 노련한 기술이 그저 놀라울 따름이에요.

그렇다고 그물이 없었던 것은 아니에요. 문헌 기록을 보면 '어조망', 또는 '중선망'이라는 고기 잡는 방법이 자주 등장해요. 이 방법은 배 양측 면에 긴 나무를 걸치고 그물을 매달아 두어 지나가는 물고기들이 그 안에 들어가게끔 만든 그물이에요. 배에서 양팔을 벌리고 있는 것과 같은 모양새이지요. 이것 역시 물고기가 다니는 길목을 잘 파악하고 있어야 많은 물고기를 잡을 수 있는 방법이에요.

그래도 뭐니 뭐니 해도 본격적인 명태잡이 그물은 '자망'이라고 할 수 있어요.
자망이란, 길게 드리운 그물을 말하는데, 바다 깊숙이 그물을 쳐서
명태가 걸리게끔 하는 어법이에요. 자망에도 연승처럼 추를 매달아 깊은 바다까지
그물을 내려요. 그러고는 그물 띄운 장소를 알기 위해 툿을 만들어 띄워 놓고
깃발을 매달아 표식을 해 두지요.

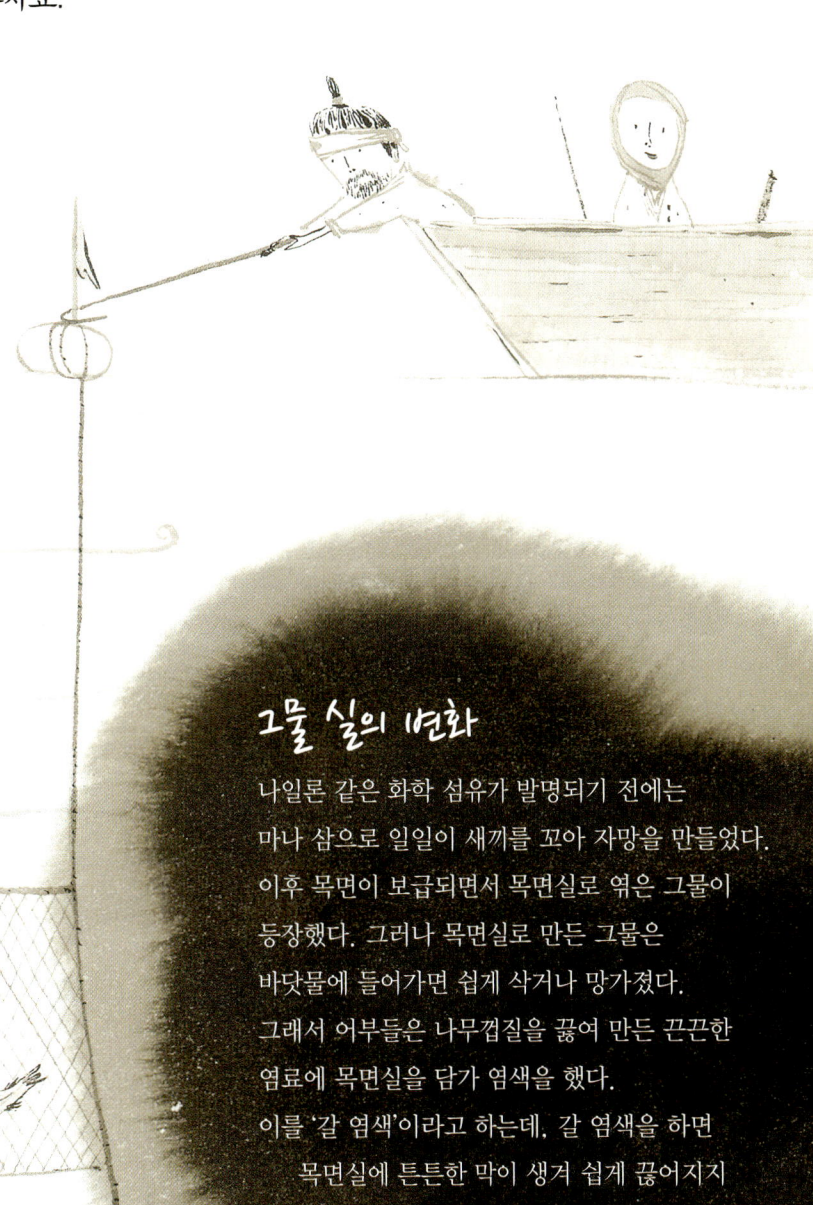

그물 실의 변화

나일론 같은 화학 섬유가 발명되기 전에는
마나 삼으로 일일이 새끼를 꼬아 자망을 만들었다.
이후 목면이 보급되면서 목면실로 엮은 그물이
등장했다. 그러나 목면실로 만든 그물은
바닷물에 들어가면 쉽게 삭거나 망가졌다.
그래서 어부들은 나무껍질을 끓여 만든 끈끈한
염료에 목면실을 담가 염색을 했다.
이를 '갈 염색'이라고 하는데, 갈 염색을 하면
목면실에 튼튼한 막이 생겨 쉽게 끊어지지
않았다. 갈 염색은 나일론으로 된
자망 그물이 보급되면서 사라졌다.

산골로 간 명태

낚시든 그물이든 명태를 잡으면 일단 포구에 내려 가공을 했어요.
명태 잡이 배가 포구에 들어와 명태를 부려 놓으면 기다리고 있던
아낙들이 달려들어 먼저 명태의 내장을 꺼내 맑은 냇물에 씻어요.
백두 대간에서 내려오는 맑고 차가운 물은 명태를 더욱 싱싱하게 만들어 주지요.
포구 한편에서는 명태를 사러 전국에서 몰려든 장사꾼들의 흥정 소리로 시끌시끌해요.
당연히 많은 돈이 오갔지요. 그래서 포구에서는 '개도 돈을 물고 다닌다.'는 말이 들릴
정도였어요. 그렇다고 명태 잡이가 사계절 내내 이루어졌던 것은 아니에요.
겨울이 오면서 시작된 명태 잡이는 따스한 봄바람이 불어올 때가 되면 끝이 나요.
배가 더 이상 나가지 않는 포구는 다시금 일상으로 되돌아가고
다음 해 겨울을 기다린답니다.

내장을 제거하고 깨끗하게 손질된 명태는 바람이 잘 부는 바닷가 둔덕이나 진부령 같은 두메산골로 보내져요. 그리고 '덕장'이라고 불리는 높은 장대 위에 걸리게 되지요.

산골의 겨울은 정말 추워요. 손발이 꽁꽁 어는 건 예사고, 숨도 못 쉴 만큼
바람도 매서워요. 그 추위에 덕장에 매달아 놓은 명태도 단단하게 얼어붙지요.
깊은 산골 겨울은 추운데다 길기도 해요. 눈도 많이 내리고요.
긴긴 겨울 동안 눈이 내려서 명태를 뒤덮고, 다시 눈이 녹고, 또 다시 눈이 내리고,
이렇게 한겨울 내내 명태는 동태가 된 채 덕장에 걸려 있어요.
싱싱하던 명태 살도 점점 딱딱하게 굳어 가지요.

이윽고 산골에도 봄이 오면 봄바람에 동태는 얼었다 녹기를 수십 번 반복해요.
그러다가 봄이 완연해지면 동태들은 빠짝 말라서 장작처럼 변하지요.
드디어 '북어'가 된 거예요. 추운 겨울을 이겨낸 명태의 새로운 변신인 셈이지요.
북어는 몇 개월이 지나도 썩을 염려가 없고 맛은 그대로라 사람들의 입맛을 사로잡았어요.

백두 대간을 넘어 전국으로 팔린 명태

덕장에서 잘 마른 북어는 이제 장사꾼들의 손으로 넘어가
산을 넘고 고개를 지나 전국으로 팔려 나갔어요. 조선 후기만 해도
특별한 냉장 시설이 없던 때라 북어처럼 말린 생선은 누구나 좋아하는
최고의 해산물이었어요. 북어는 개인이 지게에 싣고 가서 팔기도 하고,
아예 배에 실어 동해안에서 남해안을 돌아 한강까지 들어와 서울에서
판매하기도 했어요. 바다를 통해 함경도에서 강원도, 경상도,
전라도와 충청도, 경기도까지 운반하기도 했고요.
북어 장사로 돈을 많이 벌게 되자, 북어 장사꾼들은 아예 어부들에게
직접 배와 돈을 대며 많은 명태를 잡게 했어요. 북어가 전국적으로
유통되면서 북어를 찾는 사람들의 수는 점점 많아졌지요.
북어가 조선 후기 경제를 떠받치고 있다고 해도 과언이 아닐 정도로
북어는 매우 중요한 거래 물품이었어요.

그러다 보니 북어는 쌀과 더불어 돈처럼 쓰이기도 했어요. 북어로 물건 값을 치르기도 하고, 심지어는 북어로 세금을 내기도 했지요. 함경도는 명태는 많았지만 늘 쌀이 부족했어요. 그래서 나라에서는 함경도 북어를 쌀이 많이 나는 경상도나 전라도로 보내 쌀과 맞바꾸게 했어요. 뿐만 아니라 북어는 돈, 포목, 곡물, 소금, 패물 등과 거래되기도 했어요.

절 받는 물고기, 명태

예전에는 가을에 추수를 끝내고 나면 시루떡을 빚어서 고사를 지냈어요.
고사는 풍성한 곡식을 거둘 수 있게 해 준 하늘과 조상에 감사하고,
집안의 안녕과 무병장수를 기원하는 마음을 담아 음식을 차려 놓고 빌었던 제사예요.
이때 시루떡 위에 실타래를 감은 북어를 올려놓았어요. 또한 마을 입구에
마을을 지켜 주는 솟대나 장승을 세웠는데, 솟대나 장승을 땅에 박은 후에는
반드시 몸체에 북어를 매달아 복을 기원했어요. 북어에게는 그 무언가
보이지 않는 힘이 있어 인간들의 삶을 돕는다는 믿음이 있었던 것이지요.
그렇다면 사람들은 왜 북어를 제사상에 올렸을까요?
그것은 보관이 쉬웠기 때문이에요. 북어는 웬만한 날씨에도 상하지 않게
보관할 수 있어서 유통하는 데에 유리했어요.
또한 생선 비린내도 나지 않아서 손으로 작업하기도 편했지요.
그러나 무엇보다 북어는 전국 어디서나 쉽게 구할 수 있는 생선이었다는 점이
가장 크게 작용했어요. 부유하든, 가난하든 누구나 쉽게 구할 수 있는
최고의 생선이었으니까요.

명태와 다양한 음식들

흔히 '명태는 하나도 버릴 게 없다'고 해요. 정말로 명태는 머리부터 꼬리까지, 살에서부터 내장까지 하나도 버리는 것이 없어요.
북어를 만들려고 명태에서 끄집어낸 명태의 내장은 창난젓을 만들거나, 알과 함께 내장탕, 알탕으로 끓여 먹어요. 통통하게 들어찬 명태 알은 명란젓으로 만들고요.
명태 간에서 뽑은 기름 간유는 먹으면 눈이 좋아졌어요. 싱싱한 간유를 구할 수 없었던 내륙 사람들은 대신 건곰을 먹었어요. 건곰은 북어에 문어와 홍합, 파를 함께 넣어 끓인 국이에요. 북어 배 안에 말라붙은 검은 간유가 우러나와 국맛을 냈던 것이지요.

명태로 만든 음식 중에 으뜸은 역시 '동태탕'이라고 할 수 있어요. 동태탕은 말 그대로
명태를 얼린 동태로 끓인 탕이에요. 동태찌개도 유명하고요.
동태탕이나 찌개는 겨울철에 즐겨 먹는 우리 민족 고유의 음식이라고 할 수 있어요.
냉장고가 없어 살아 있는 생선을 먹기 어려웠던 시절에 동태나 북어를 이용한
이런 음식들은 맛있으면서도 영양가 높은 우리만의 음식이었어요.
요즘에는 코다리나 동태를 이용한 찜 요리도 남녀노소 많은 이들의 사랑을 받고 있답니다.

남획과 지구 온난화로 사라져 버린 명태

명태는 '국민 생선'답게 우리 생활에서 민속 소품으로, 음식으로 다양하게 쓰이며
사랑받았어요. 그럴수록 명태 잡이도 활기를 더했지요. 그런데 '기선저인망'이라는
난폭한 어업 기술이 도입되면서 사태는 급변하고 말았답니다.
저인망은 일제 강점기 말기에 일본에서 도입되었어요. 아주 큰 배에 그물을
질질 끌고 다니는 저인망은, 큰 물고기만 잡던 우리의 전통적인 낚시나
자망 그물과 달리 큰 물고기, 작은 물고기 할 것 없이 모조리 잡아들여
그야말로 생선의 씨를 말리는 어업이었어요. 일본은 이 저인망을
명태 어장에서 끌고 다니면서 명태란 명태는 모조리 잡아들였어요.
이로 인해 동해안의 명태는 점차 수가 줄어들었지요.

그렇다고 이 저인망만 문제가 있는 것은 아니에요.
어부들도 전통적인 그물이 아니라 나일론으로 만든 자망을 들고 바다로 나갔어요.
과거에는 면 그물로 적당한 양의 명태를 잡았다면, 나일론 그물이 등장하면서
그물이 너무 흔해졌고, 너도 나도 대형 그물을 만들어 마구잡이로 명태를 잡았어요.
결국 인간의 끝없는 욕심이 명태를 사라지게 한 것이지요.

게다가 지구 온난화로 인한 기후 변화는 이런 현상을 더욱 부추겼어요.
지구 온난화란, 지구가 차츰 뜨거워져 온도가 올라가는 걸 말해요.
우리 인간들이 석유와 가스 같은 화석 연료를 많이 쓰고,
도시 개발과 인간이 먹을 가축을 기르기 위해 숲과 밀림을 없애면서
빚어진 현상이지요. 이로 인해 바닷물이 뜨거워지면서 남쪽의 따뜻한 난류가
북쪽의 차가운 한류를 밀어내고 있어요. 바닷물의 온도가 올라간다는 것은
물고기들에게는 곧 죽음을 뜻할 만큼 위험한 일이에요.
바닷물 1도의 변화는 물고기한테는 몸이 데일 정도의 크나큰 변화거든요.
이건 명태도 마찬가지고요. 갑자기 동해안 물이 따뜻해지니
명태가 더 이상 견디지 못하고 차가운 한류를 따라 북쪽으로, 북쪽으로
올라가 버린 거예요.

슬픔에 빠진 포구

명태들이 산더미처럼 쌓이던 포구에는 배들이 모두 묶인 채 흉물스럽게 떠 있어요. 물고기가 많이 잡히던 풍어기도 사라지고, 북어 장사꾼도 사라지고, 덕장도 텅텅 비어 있어요. 포구는 슬픔에 잠겼고, 어부들은 멍하게 바다만 바라보고 있어요. 동해안에 명태가 사라지게 되자 이제 우리는 오호츠크 해 같은 머나먼 북해에서 잡아오는 명태를 먹게 되었어요. 동해안 명태를 살리려는 노력들도 많지만, 한번 사라진 명태는 좀체 돌아오지 않고 있어요.

풍어를 기뻐하며 온 마을 사람들이 모여 떠들썩하게 벌였던 명태 축제도
과거와 달리 시들시들 죽어가고 있어요. 정작 축제의 주인공인 명태가
사라지고 없으니 당연한지도 몰라요. 주인공 없는 축제는 뭐 하러 하는가
하는 비판도 많고요. 그래도 사람들은 명태가 돌아오지 않을까 하는
희망을 놓을 수가 없어서 해마다 명태 축제를 벌이고는 있어요.
어느 날 홀연히 명태가 돌아와 주길 바라면서요.

명태는 다시 돌아올까요?

글쓴이 주강현

경희대학교에서 문학박사 학위를 받았으며 제주대 석좌교수, 해양문화연구원장,
우리민속문화연구소장, 이어도 해양연구센터장, 국립등대박물관 운영위원장으로 있습니다.
아시아 태평양은 물론이고 전 세계 바다를 누비며 해양문명사를 탐구하고 있습니다.
여수세계엑스포 전략위원 및 해양수산자문위원위원으로 박람회를 만드는데 깊게 관여하였습니다.
우리문화와 바다에 관한 수많은 책을 펴냈으며, 특히 어린이를 위한 책들도 다수 펴냈습니다.
어린이를 위한 책으로 『제주도 이야기』, 『주강현의 우리문화』, 『100가지 민족문화 상징사전』,
『강치야 독도야 동해바다야』 등이 있습니다.

그린이 김형근

공학을 전공했지만 그림책을 만들며 동시에 일러스트 일을 하고 있습니다.
이야기가 담겨 있는 그림을 그리고, 읽는 이로 하여금 상상하게 만드는 글을 쓰려고
노력 중입니다. 그린 책으로는 『엄마가 미안해』 등이 있습니다.

인문그림책 12 명태를 찾습니다!

1판 1쇄 인쇄 2012년 8월 10일 | 1판 2쇄 발행 2013년 5월 20일
글쓴이 주강현 | 그린이 김형근 | 펴낸이 박혜숙 | 펴낸곳 미래M&B
편집책임 이지안 | 편집 신혜연 | 디자인 이정하, 한지혜, 함정인
영업관리 이도영, 장동환, 김대성, 김하연, 김민지 | 제작 남상원
등록 1993년 1월 8일(제10-772호) | 주소 서울시 마포구 서교동 368-22 서문빌딩 4층
전화 (02)562-1800(대표) | 팩스 (02)562-1885(대표)
전자우편 mirae@miraemnb.com | 홈페이지 www.miraei.com
트위터 @miraeibooks | 네이버 카페 cafe.naver.com/miraeibooks
ISBN 978-89-8394-710-9 (77610)
값 11,000원
*잘못 만들어진 책은 바꾸어 드립니다.

아이의 미래를 여는 힘, **미래i아이**는 미래M&B가 만든 유아·아동 도서 브랜드입니다.